AF227423

MARIAGE

DE

M. LE COMTE FRANÇOIS DE MAISTRE

CAPITAINE D'ÉTAT-MAJOR DANS L'ARMÉE PONTIFICALE

AVEC

Mlle HENRIETTE DE LA MORICIÈRE.

MARIAGE

DE

M. LE COMTE FRANÇOIS DE MAISTRE

CAPITAINE D'ÉTAT-MAJOR DANS L'ARMÉE PONTIFICALE

AVEC

Mlle HENRIETTE DE LA MORICIÈRE.

Quelques personnes ayant exprimé le désir qu'il fût possible de reproduire l'Allocution prononcée par Mgr l'Evêque d'Amiens au mariage de M. le Comte de Maistre, Capitaine d'Etat-Major dans l'Armée Pontificale, avec Mlle Henriette de la Moricière, on a essayé de ressaisir le fil de cette improvisation. Peut-être a-t-on réussi à retrouver l'ordre et l'enchaînement des pensées ; mais la couleur, la délicatesse, l'éclat, et cette vie enfin qui anime une parole entraînante et émue, on ne fait aucune difficulté de reconnaître qu'on ne la trouvera point ici.

Fénelon écrivait à une veuve inconsolable : mais *Dieu est le lieu des âmes ; voyez donc votre époux toujours près de vous, puisqu'il est avec Dieu et que Dieu est avec vous.* — Pensée touchante, aujourd'hui surtout... Elles sont donc ici avec nous, au pied de ce Tabernacle, ces deux grandes âmes... de Maistre, de la Moricière, dont les enfants vont s'unir dans ce grand Sacrement. De Maistre, de la Moricière, quels noms ! En est-il aux yeux de la Religion qui soient mieux faits pour s'associer ? Aussi ce mariage ne ressemble-t-il à aucun autre... Ce n'est pas seulement deux familles, une province, un royaume qu'il intéresse, c'est l'Eglise tout entière : c'est un mariage vraiment *catholique, universel,* comme la presse de tous les pays l'annonce et le célèbre. Aussi le Saint-Père lui-même a-t-il voulu le bénir par la bénédiction apostolique qu'il a daigné me transmettre pour ces jeunes époux.

C'est qu'en effet il n'est pas de noms dans les temps modernes qui rappellent des services plus signalés rendus à la cause de la Papauté..... De Maistre ! quel génie au service de Rome, et avec quelle puissance !..... Ecrivain sublime, original, avec une érudition immense : un composé de Pascal, de Tertullien, de Bossuet, et pourquoi ne dirais-je pas d'Isaïe ? car il est prophète aussi, de Maistre.

Quand ce livre prodigieux *du Pape* — que nous plaçons en première ligne parmi les chefs-d'œuvre de cet esprit supérieur — parut dans le monde, j'étais jeune encore, et je me rappelle qu'alors des maîtres dont la foi n'était pas suspecte et des Evêques qui avaient fait leurs preuves en fait de dévouement à l'Eglise de Rome, accusaient l'auteur de hardiesse, d'exagération et de témérité dangereuse : eh bien, le mouvement imprimé aux idées par ce puissant génie a été si fort, l'éclat qu'il a fait jaillir sur des vérités, hélas ! trop longtemps obscurcies, a été si lumineux, qu'il a tout entraîné vers Rome, si bien que, s'il revenait aujourd'hui sur la terre, heureux et justement fier de son œuvre, il se plaindrait peut-être que plusieurs aient été plus loin que lui.

Ils étaient quatre esprits supérieurs, au commencement de ce siècle, qui avaient voué leur talent à la défense de la Religion. A Dieu ne plaise que je conteste à Chateaubriand la gloire qui lui revient et que je renie en ingrat le prodigieux retour opéré dans les esprits par le *Génie du Christianisme*. M. de Bonald, le penseur éloquent, le philosophe chrétien par excellence, qui restera comme le type de l'âme servie par le cœur le plus dévoué et l'esprit le plus profond, admirable écrivain aussi... Et ce prêtre célèbre, que je n'ose nommer, élevé si haut d'abord, tombé si bas ensuite ; ange déchu... écrivain de premier ordre aussi. Mais, des quatre, c'est incontestablement de Maistre que la postérité, déjà commencée pour sa gloire, proclame le premier.

Voilà le grand homme suscité de Dieu pour redresser des idées fausses et dangereuses. Εἶς κοίρανος ἔστω. Voilà la devise de ce grand livre *du Pape* : *Qu'il n'y ait qu'un seul chef.*

Et j'ai dit avec quelle vigueur il l'a gravée en traits de feu dans le cœur des Catholiques de France et de ses chefs. Et quelle passion aussi pour cette Eglise Romaine ! D'accord cette fois avec Bossuet, qu'il cite avec amour : « O sainte Eglise de Rome, si je t'oublie, puissé-je m'oublier moi-même ! que ma langue se sèche et demeure immobile dans ma bouche, » — il s'écrie à son tour : « O sainte Eglise de Rome, tant que la parole me sera conservée, je l'emploierai pour te célébrer. » —Comme vous, Monsieur, son petit-fils, vous avez dit un jour : « O sainte Eglise de Rome, tant qu'une goutte de sang restera dans mes veines, elle est à toi. » C'était aussi le cri de ce frère aimé que je vois à vos côtés, votre témoin aujourd'hui comme il l'a été sur le champ de bataille ; ç'avait été aussi le cri de ce grand homme, de ce grand chrétien dont vous devenez en ce moment le fils.

De la Moricière, autre génie, autre gloire, même dévouement, dans un autre ordre, au Souverain Pontife. Son histoire, à lui, je l'ai racontée dans une autre solennelle circonstance, et toutes les églises de mon diocèse ont retenti de ces récits touchants, si glorieux pour ce grand homme de guerre et ce grand chrétien, si édifiants pour tous. Je lisais à l'instant sur ce marbre que le sénat de Rome vous a donné, Madame, pour être le plus glorieux ornement du château de Prouzel, comme il est au Capitole un témoignage impérissable de la reconnaissance de la Ville Eternelle, je lisais : *A de la Moricière, qui, après avoir triomphé des Arabes et pris leur Chef et sauvé sa patrie, est venu mettre son courage, son génie militaire au service de l'Eglise et de son Chef.*

La voilà bien en ces trois mots cette grande gloire : l'Afrique, Paris, Rome. Bien souvent il avait offert son sang à sa patrie, et ce sang avait coulé sur vingt champs de bataille. Et un jour ici, dans ce château de Prouzel, votre illustre frère, Monsieur de Mérode, — car ce nom doit être prononcé aujourd'hui à côté des deux autres, — votre illustre frère vint lui demander de la part du Pape son dévouement, son sang, sa vie, et ce que de faux sages eussent appelé sa gloire. Héroïque femme, vous étiez là : cette scène avec tant d'autres,

elle est encore sous vos yeux, et, quoiqu'il n'hé-
sitât pas, vous lui disiez : « Partez. » Cœurs si bien
faits pour se comprendre ! mais quels déchire-
ments !..

Notre grand de Maistre écrivait, un jour, la
veille d'une bataille à laquelle son fils devait
prendre part : « *Il faut avoir son fils à l'armée,
pour savoir ce que c'est que la guerre.* » Et vous,
Madame, vous repreniez : « Oh ! il faut y avoir
son mari, — et dans les conditions où vous y en-
voyiez le vôtre, — pour le savoir mieux encore.

Il partit avec la simplicité du héros chrétien, qui
croit n'accomplir que le plus ordinaire des devoirs. Pendant que les chrétiens applaudissaient,
combien d'autres, et surtout parmi ses compagnons d'armes, — et c'était le trait le plus poignant
pour son cœur, — combien qui blâmaient cet héroïsme, dont le principe échappait à la légèreté de
leur appréciation ! Et puis, cette gloire, c'était leur
gloire à eux, et elle leur était si chère ! Pendant un
quart de siècle, ce nom toujours radieux n'avait
été prononcé dans les camps qu'avec l'enthou-
siasme de la victoire. Y avait-il eu jamais un officier plus brillant, plus heureux, plus français ! Et
cette gloire, qu'allait-elle devenir ? Lui, le chef
adoré de cette armée française, la première du
monde, il passait le chef des soldats du Pape !.....
Il comprenait ces sourires, lui, la Moricière, et il
allait tout de même.

On disait alors : « Sa gloire finit ; » et nous, nous

disons : « Sa gloire commence. » Car c'est la foi qui remporte la suprême victoire, et qui triomphe du monde. *Et hæc est victoria quæ vincit mundum, fides nostra.* Je l'ai dit dans une autre circonstance, je n'y reviendrai pas ; d'autres après moi l'ont dit mieux sans doute : la seconde gloire de la Moricière l'emporte sur la première, à laquelle elle n'a rien fait perdre de son éclat. Car, est-ce être vaincu que d'avoir à Castelfidardo donné le spectacle d'une poignée de héros résistant avec un courage indomptable à une armée entière ? Est-ce être vaincu que d'avoir arboré à Ancône le pavillon de détresse, après avoir épuisé toutes les ressources, sans avoir découvert à l'horizon une *seule voile neutre ou amie* qui manifestât l'intention de communiquer avec les assiégés ?

Vous disiez, vous, Monsieur de Maistre, qu'en ce moment suprême, vous vîtes couler deux grosses larmes des yeux du général : il pleurait, mais ce n'était pas sur sa gloire. Ou je me trompe, ou la Moricière, rendant son épée à Ancône, est plus grand que la Moricière, vainqueur de l'Afrique, recevant le sabre d'Abd-el-Kader. Et qu'on ne dise pas qu'un homme de guerre comme lui ne devait pas se présenter avec une si faible troupe devant l'armée formidable d'un grand Etat. — Cette témérité, il ne l'a pas eue : il avait l'assurance qu'il n'avait à combattre que des bandes irrégulières. Car la France avait signifié à l'Italie : *qu'on s'opposerait par la force, ou qu'on serait forcé de s'opposer* — je n'épilogue pas sur les mots, — *à toute agression du territoire pontifical?* Mais, en face de l'ennemi, *calculer le nombre et fuir sans combat.....* c'est à cela que ses compagnons d'armes n'eussent pas reconnu la Moricière. — Non, sa gloire n'a rien perdu de cette campagne d'Italie, et la victoire remportée par sa foi l'a élevé au faîte de la grandeur; si bien qu'après avoir tout souffert, tout donné à l'Eglise, il en a plus reçu qu'il ne lui en a donné. Comme il applaudirait à mes paroles, en ce moment surtout où je consacre par la bénédiction de l'Eglise l'union de sa fille bien-aimée avec vous, Monsieur! Car, à Castelfidardo, à Ancône, il vous avait à ses côtés; tout jeune, vous étiez son officier d'ordonnance, il vous confiait ses plus intimes pensées, il mettait en vos mains ce qu'il avait de plus cher, son drapeau; aujourd'hui, c'est sa fille bien-aimée qu'il vous donne; mais c'est dès lors que les fiançailles se faisaient : c'est la guerre d'Italie qui vous a fait son gendre. Et quand les deux grandes âmes de l'aïeul et du père se sont rencontrées au ciel, le contrat a été bientôt conclu sous les yeux de Dieu, et nous n'avons plus à nous étonner de la facilité avec laquelle les parents de la terre n'ont plus eu pour ainsi dire qu'à le signer.

Encore une fois, de Maistre, de la Moricière, quels noms pour s'unir ensemble! En vérité, si ces nobles époux n'avaient pas un blason glorieux, reçu de nobles ancêtres, et qu'ils transmettront plus glorieux encore à leurs descendants, je conjurerais le Saint-Père de leur en donner un où figurerait la tiare soutenue par une plume et par une épée.

Mais, ces deux hommes illustres, n'étaient-ils donc grands que par ces qualités brillantes qui ont surtout fait leur gloire dans ce monde? Non, et c'est surtout ce qui m'a ravi quand j'ai pénétré dans l'intime de ces grandes âmes. Quels hommes plus affectueux, plus tendres! quels fils! quels pères! quels époux!

Ce de Maistre, ce fier et indomptable écrivain, à l'âme de feu, au style d'acier, qui a gravé dans l'airain ces pages célèbres que nous avons tous en la mémoire, comme il était donc tendre à l'endroit de sa mère, *sa Mère, sa sublime Mère*, comme il l'appelait, *dont il aimait à contempler la figure sainte, qu'il voyait encore marcher dans sa chambre, ce qui le faisait pleurer à chaudes larmes. Ma mère*, disait-il encore, *c'était un ange à qui Dieu avait prêté un corps.* — C'est de la mère de votre aïeul que je parle, Monsieur de Maistre; Madame de la Moricière m'a défendu de parler d'elle. — Et quelle tendresse pour ses enfants! De Saint-Pétersbourg *il croit entendre crier à Turin.* Et cette enfant qui paraît la plus tendrement aimée, cette Constance qui est née après son départ pour l'exil et dont il cherche à se faire l'image, comme il est préoccupé de son avenir! Pauvre exilé qui n'aura à léguer que la gloire d'un nom à jamais illustre, et qui ne dissimule pas à sa chère enfant que, pour être épousée un jour, *il faut un homme qui veuille se contenter du bonheur*. Justice adorable de Dieu ! et c'est cette fille aimée qui a porté le plus beau nom de France après le nom de nos rois.

Voilà les trésors de bonté que nous a révélés cette correspondance intime du grand exilé de Saint-Pétersbourg et que nous devons à votre père, ce Rodolphe de Maistre qui s'est rendu illustre lui-même quand il n'avait en vue que la gloire de son père.

Et vous, Madame de la Moricière, quel riche écrin n'aurez-vous pas à nous faire admirer, si quelque jour vous voulez faire partager au monde les émotions si douces aussi de la correspondance de l'autre illustre exilé !

Grand écrivain aussi et d'une sensibilité exquise, comme le révèle le rapport célèbre de cette campagne d'Italie. Grand écrivain, comme il était grand en toutes choses, justifiant cette parole du général Cavaignac, alors président de la République, qui montait à la tribune pour défendre son ministre de la guerre : « *Quant à moi qui l'ai vu pendant quinze ans, si j'ai une surprise à exprimer, c'est de le voir au second rang quand je suis au premier.* » Chères enfants, vous ses filles, que ne nous diriez-vous pas de ces lignes touchantes qui vous arrivaient le jour de votre première Communion ? Il était devenu si chrétien, si pieux, la Moricière ! J'ai raconté ailleurs cette touchante histoire de son retour à Dieu : je ne le pourrais pas devant vous, Madame, car vous y avez eu une si large part! Non pas que vous lui fissiez des discours, mais il était témoin de votre vie. Et puis, tout tendre qu'il fût pour vous, et quelle que fût son admiration pour votre personne, n'y avait-il pas dans cette fière nature quelque chose qui se fût révolté à la pensée de se laisser persuader et vaincre par une femme, même la plus accomplie et la plus aimée? Il faut d'ailleurs en finir, et ce discours a déjà dépassé les bornes.

Mais, puis-je oublier que Prouzel a été son dernier champ de bataille, et que c'est ici, dans ce château même, qu'il a remporté sa dernière victoire? Ἀγωνή, ce mot grec signifie *combat*; chez nous, il veut dire *agonie*, combat suprême, d'où dépend l'éternelle victoire : et c'est bien ici que ce dernier combat a été livré, et que le général de la Moricière en est sorti vainqueur, avec une gloire célébrée dans le monde entier.

C'était dans cette modeste église la fête de l'Adoration du Saint-Sacrement. Le général y passa en adoration une grande partie de la journée. C'est là, à cette place, qu'il resta agenouillé devant son Sauveur, jusqu'à la bénédiction du Saint-Sacrement. J'ai voulu m'agenouiller moi-même, après sa mort, à cette place. A huit heures, il sort de l'église, emmenant avec lui son bon curé, comme il vous appelait, digne Prêtre, qui serez notre témoin ici et qui attesterez que nous disons la vérité.

Il parla des choses de Dieu, de Eglise, du Pape, et comme de coutume, avec l'accent de la foi et de l'amour ; à dix heures il monte dans sa chambre : il s'endort en lisant l'histoire ecclésiastique, comme il faisait tous les soirs ; à une heure et demie, il sonne : son domestique accourt : « *Vite Monsieur le Curé,* » et en même temps il décrochait son Crucifix, comme autrefois son épée au moment du combat. Le curé arrive : le général à genoux, sans voix, sans donner signe de connaissance, mais plein de vie, pressait son crucifix sur sa poitrine. Le curé lui donne l'absolution une première fois ; cinq minutes après, une seconde fois ; et le Général rend à Dieu sa grande âme ainsi purifiée. Il avait communié quelques jours auparavant, et il recevait l'absolution deux fois, au moment même où il venait de jeter ce cri : « Vite Monsieur le curé ! »

Madame, si je n'avais été le premier témoin de l'héroïsme de votre foi, quand je vous donnais ces précieux détails, si le vénérable Curé qui les portait de votre part au Saint-Père n'en eût pas reçu des paroles qui ont inondé de bonheur un cœur qui ne semblait plus fait que pour le chagrin et l'amertume, je ne serais pas revenu sur cette scène. Mais vous l'avez dit de votre mari, comme vous l'avez dit de votre angélique fils : « Je serais libre de le rappeler à la vie, je ne le ferais pas ; pourquoi l'arracher au Ciel ? »

Mais comme je semble vous oublier, vous qui

êtes là devant cet autel pour recevoir ce grand Sacrement du mariage, dont le divin Sauveur a daigné nous donner l'image et le modèle dans son union divine avec la sainte Eglise son épouse! Eve, la première épouse, était sortie du côté du premier des époux, tout près de son cœur; et l'Eglise sur la croix est sortie du Sacré Cœur de Jésus son époux. Encore une fois quelle image! quelle union! Et c'est cette union sacrée qui va s'établir entre vous. Sacrement vénéré du mariage, si souvent profané de nos jours, avec quelle foi, quelle piété vous êtes reçu aujourd'hui! Pour vous, époux chrétiens, comme c'est bien le sang de Jésus-Christ qui est caché là, dans ce canal mystérieux du Sacrement, et qui va couler dans vos âmes pour les purifier, les sanctifier, y déposer le germe de toutes les grâces qui vous seront si nécessaires en cet état. Oh! oui, grâces si nécessaires! Que d'obligations en effet, quels dangers et que de chagrins dans cet état du mariage! Les obligations : mais, elles sont de tous les instants. S'aimer jusque dans la vieillesse et jusqu'à la mort; vivre attachés l'un à l'autre comme le lierre à l'arbre qu'il ne quitte qu'avec la vie; s'aider mutuellement; partager les peines et les joies; ne jamais se lasser d'un commerce si fréquent et si long; se voir de si près et avec des défauts, car les plus parfaits en ont; s'aimer et s'estimer toujours! prendre sur soi sans cesse et ne pas laisser voir ce qu'on y prend : voilà les obligations.

Les dangers : mais les plus saints s'en effraient.

Et les chagrins! Oh! pourquoi assombrir un avenir qui paraît si serein? S'aimer ainsi, s'aimer en Dieu qui fait une obligation de cet amour et qui aura des récompenses pour le bénir, s'aimer ainsi et être malheureux un jour! Eh! oui, il faut vous le dire. Tout n'était-il pas gloire, bonheur, ivresse dans ce jour où, conduite à l'autel par ce radieux général, l'idole et l'honneur de l'armée, comme il était la gloire de son pays, vous étiez, Madame de la Moricière, l'objet de l'envie de toutes les femmes, mères et jeunes filles, qui vous proclamaient la plus heureuse des épouses?..... et qui a plus pleuré que vous? Vous aussi, sa digne fille, sans avoir à épuiser toutes ces coupes amères, vous aurez aussi vos chagrins.... Du sang que vous êtes, vous lui direz : *Partez*, et Mentana vous dit s'il ménagera sa vie. Vous aussi, et Dieu veuille que ce ne soit pas sur la terre de l'exil, *vous croirez entendre crier à Turin.*

Oui, des chagrins, comme des obligations et des dangers.

Mais la grâce du Sacrement reçu en ce jour sera là, à tous les moments de votre vie, pour que les obligations soient fidèlement remplies, pour que vous sortiez vainqueurs de tous les dangers et pour que toutes les amertumes soient adoucies. C'est là l'honneur impérissable de la Religion, qu'il y ait cette différence entre les mariages chrétiens et ceux qui ne le sont pas : d'un côté, les devoirs méconnus, les dangers remplis de victimes, les chagrins jamais adoucis ; de l'autre, la fidélité, la force et d'ineffables consolations dans les chagrins partagés par des cœurs saintement unis.

Mais, voici que l'Eglise va vous parler elle-même dans son incomparable liturgie. Epouse chrétienne, vous dit-elle, *soyez l'imitatrice des saintes femmes : imitatrix sanctarum fœminarum ; soyez aimable pour votre époux comme Rachel, sage comme Rébecca, fidèle et vivez longtemps comme Sara.* Mais pourquoi aller chercher si haut et si loin les exemples ? Regardez tout près de vous, c'est votre incomparable mère, c'est la si digne sœur de votre mère, c'est leur mère à toutes deux, votre aïeule, cette digne fille de l'angélique Madame de Montagu, fille elle-même de cette noble duchesse d'Ayen qui mourut sur le même échafaud que sa fille la vicomtesse de Noailles et la maréchale de Noailles sa Mère, admirables et saintes figures des derniers jours des jours anciens. Car vous êtes de grande et noble race ; voilà le sang qui coule dans vos veines, ma chère enfant, soyez l'imitatrice des saintes femmes, *imitatrix sanctarum fœminarum,* et jusqu'au martyre, s'il le faut. Vous le voyez, on vous a légué des exemples.

Dans votre nouvelle famille, que d'exemples encore ! et dans celle qui devient votre autre mère, et dans ces pieuses et admirables chrétiennes que votre époux vous donne pour sœurs, sans que vous cessiez d'être la sœur, la chère sœur de cette aimable enfant que vous laissez auprès de votre mère pour sécher les larmes bien douces cependant, mais que la séparation va faire couler avec abondance !

O Marie, présente à cette fête comme vous le fûtes à Cana, joignez vos bénédictions aux bénédictions de l'Eglise, aux bénédictions de son chef vénéré; que ces enfants soient heureux pendant la vie, qu'ils vivent, qu'ils meurent dans l'amour de votre Fils; qu'ainsi, tendre Mère, ils n'aient pas le malheur d'être séparés pendant l'éternité. Pensée cruelle et qui empoisonne le bonheur de tant d'époux, heureux à tous les autres titres. L'un meurt dans l'amour de Dieu, et l'autre dans sa haine, et c'est la séparation éternelle! O mon Dieu, nous le sentons au plus intime du cœur, il n'en sera pas ainsi de ces enfants bénis. Cette union merveilleusement inspirée, saintement continuée sur la terre, ira se perpétuer au ciel.

PARIS. — IMP. ADRIEN LE CLERE, RUE CASSETTE, 29.

PARIS. — IMPRIMERIE ADRIEN LE CLERE, RUE CASSETTE, 29.